IMPRIMERIE DE J. TASTU,
RUE DE VAUGIRARD, N. 36.

MAXIMES

ET PENSÉES POLITIQUES

DE M. JOSEPH

DE VILLÈLE,

DÉPUTÉ,

A L'USAGE DE LA CHAMBRE ÉLECTIVE.

❃

« La Charte ! la Charte !
» Nous devons nous en tenir à la lettre de la Charte ..
» Point d'interprétation.... » (Page 16.)

❃

PARIS

CHEZ ROZIER, LIBRAIRE,

RUE DE GRENELLE SAINT-HONORÉ, N. 10,

ET CHEZ TOUS LES MARCHANDS DE NOUVEAUTÉS

❃

1826

AVERTISSEMENT
DE L'ÉDITEUR.

On nous avait suggéré l'idée de mettre en regard des pensées de M. de Villèle, député, les maximes de M. de Villèle, président du Conseil des ministres; mais cette malice dont on a déjà usé en détail à la tribune, priverait le lecteur du plaisir si facile de faire à part lui le rapprochement des pratiques de S. Ex. avec les théories de l'élu de la Haute-Garonne, et d'en faire ressortir des disparates qui frappent d'ailleurs tous les yeux; et puis nous devons avouer que le temps nous a manqué pour faire ce parallèle, n'ayant eu l'idée de publier le recueil qu'on va lire qu'au moment de la mise en discussion du budget. Comme il est destiné particulièrement, ainsi que le titre l'indique, à l'usage de la Chambre élective, il aurait donc pu arriver trop tard.

Au reste, on verra à la fin de ce recueil qui, ou nous nous trompons fort, doit faire éclat dès son apparition, que le député de 1820 avait déjà dévié de la ligne dans laquelle il se trouvait à la tête de son parti dans l'année 1816 et les suivantes, ce qui s'explique apparemment par l'ordonnance du 21 décembre de la même année 1820, qui mit le pied de M. de Villèle dans l'étrier, en l'appelant comme ministre d'État à siéger dans le Conseil privé où, à pareil jour de l'année 1821, il se trouva maître du terrain, ce qui remit en mémoire à beaucoup la fable de la *Lice et sa compagne.*

Nous eussions dû peut-être mettre les pensées de M. de Villèle par ordre de matières; mais l'ordre chronologique nous a paru préférable, parce qu'en le suivant le lecteur sera moins exposé à prendre le change sur les vues de l'auteur de ces pensées qui prouvent véritablement qu'il avait, comme on l'a dit, de l'avenir dans l'esprit, quand il les énonça à la tribune.

Enfin, telle qu'elle se présente dans le monde, la brochure que nous publions doit être recherchée avec empressement, doit être lue avec avidité par les hommes des opinions diverses, parce que, sans en blesser aucune, elle est propre à les piquer toutes, mérite qui revient tout entier à l'honorable député qui en a fourni la matière, mais dont ne voudra peut-être pas convenir M. le Président du Conseil.

C. M.

MAXIMES

ET PENSÉES POLITIQUES

DE

M. JOSEPH DE VILLÈLE,

DÉPUTÉ,

A L'USAGE DE LA CHAMBRE ÉLECTIVE.

« Au lieu de créer, le devoir des ministres est de réformer et de ne pas adopter pour un gouvernement paternel, ami et protecteur d'une sage liberté, tous les ressorts dont avait besoin un gouvernement despotique. La nation découragée, flétrie par une longue oppression, ne peut être rappelée à la vie que par des institutions qui la fassent participer à ses propres intérêts, qui rendent à son administration départementale et communale l'action libre dont elles ont besoin, qui leur rendent la disposition des débris de leur fortune et le droit de veiller sur les intérêts locaux. » (*Moniteur du* 9 *novembre* 1815.)

« Dans tous les temps, les dépenses générales de l'État ont été distinguées des dépenses particulières des communes et des provinces ; des impôts généraux ont été accordés au gouvernement pour subvenir aux premières; des taxes particulières ont été établies par les autorités municipales ou provinciales pour couvrir les secondes. » (*M. du* 14 *décembre* 1815.)

« L'aperçu sommaire des opérations du gouvernement, pour arriver à la centralisation administrative qui a confondu tous les revenus et le produit de tous les impôts dans le trésor public, doit faire apprécier l'opposition qu'on manifeste à la continuation d'un système repoussé par les lois qui nous régissent encore en ce moment. » (*Ibid.*)

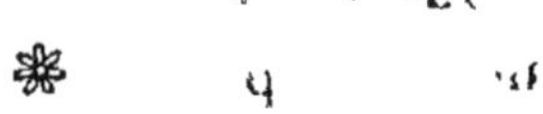

« La totalité des fonds perçus dans le royaume a été successivement attirée dans le trésor public. C'est ainsi que tous les détails d'administration et de comptabilité ont été concentrés dans les mains des ministres; c'est ainsi que nos administrations municipales et départementales ont été dépouillées de toute influence et de toute attribution. » (*Ibid.*)

« Quels sont les résultats de cette centralisation et de fonds et de pouvoirs? Les affaires courantes absorbent tellement tout le temps des ministres qu'ils n'ont plus celui de concevoir et combiner aucune amélioration : le torrent les emporte, leurs bureaux sont plus puissans qu'eux-mêmes, et cette autorité si malheureusement enlevée à nos conseils de ville, de commune, d'arrondissement, de département, nous avons la douleur de la voir exercée souvent par des commis subalternes. » (*Ibid.*)

« Pour les réparations les plus urgentes de nos bâtimens publics, il faut d'abord un état et un devis dressé sur les lieux, puis corrigé à Paris, puis l'approbation du ministre, puis l'adjudication, puis enfin l'ordonnance pour avoir les fonds ; l'édifice est souvent dégradé avant que toutes ces formalités soient remplies et qu'il nous soit permis d'employer notre argent à entretenir ce qui nous appartient. » (*Ibid.*)

❋

« En rompant ainsi les liens qui nous unissent à notre commune, à notre ville, à notre département, en tuant l'intérêt que nous prenons à nos administrations secondaires, à nos édifices, à nos chemins, à nos promenades, à nos monumens, on achève d'anéantir parmi nous l'amour si fortement ébranlé de la patrie, on détruit l'esprit public, on achève de désunir et de démoraliser la nation, on isole les Français les uns des autres; on laisse le champ libre aux novateurs et aux turbulens, en ne fixant les idées des citoyens sur rien qui les rassure et les intéresse; on n'établit entr'eux et le gouvernement aucun de ces liens qui font partout la force et la stabilité des institutions; on prépare le retour inévitable et prochain de l'anarchie, si le gouvernement est faible; du despotisme, s'il devient fort. » (*Ibid.*)

« En faisant procéder simultanément dans tout le royaume à de nouvelles élections, on diminue, en le divisant, le danger des intrigues et des efforts particuliers; chacun est retenu dans sa localité; s'il en sort, il perd chez lui ce qu'il cherche à gagner au-dehors; ainsi, l'influence de l'esprit de parti, toutes les influences, hors celle de l'opinion générale de la nation et celle qu'exerce le gouvernement, sont réduites à leur plus simple expression par le mode d'élections qui s'applique au renouvellement total. »

« Par les élections annuelles et partielles, au contraire, on diminue les influences utiles de tout ce qu'on donne de facilité pour agir aux influences nuisibles. Ainsi, l'opinion publique changée en opinion locale, est exprimée moins réellement; ainsi, le gouvernement ayant plus de concurrence à redouter de la part des influences particulières, perd en réalité ce qu'il semble gagner en facilité pour agir, car lui seul ayant une influence qui peut être exercée en même temps dans tout le royaume, doit gagner à ce que les élections soient faites dans tout le royaume en même temps. » (*M. du 7 février* 1816.)

« Ne déplaçons rien ; laissons l'action à la jeunesse, la délibération à l'âge mûr ; que les fonctions de députés soient une récompense et non un moyen de parvenir ; car pour parvenir il faut se montrer, il faut briller, il faut se distinguer ; et pour obtenir ces résultats dans une assemblée, nous savons ce qu'il en coûte aux États. » (*M. du 17 février* 1816.)

« Ce qui perpétuera l'esprit de la Chambre des députés, c'est la liberté des élections, c'est l'indépendance de la Chambre. » (*Ibid.*)

« La réalité du gouvernement représentatif et la jouissance des avantages qu'il présente, dépendent absolument de la libre élection des députés appelés à concourir, au nom des départemens, au vote des impôts et à l'exercice du pouvoir législatif. » (*M. du 20 dudit.*)

« En effet, pour que la Chambre des députés puisse remplir dignement la place que lui a assignée la Charte, pour que les élections servent d'expression à l'opinion des peuples, il est indispensable qu'elles soient, le plus possible, le résultat de cette opinion. » (*M. du* 20 *février* 1816.)

« L'espèce de privilége exclusif accordé aux contribuables payant trois cents francs d'impositions, est-il dans nos mœurs actuelles, est-il d'accord avec le système du gouvernement représentatif? »

« En effet, seraient-ils bien les députés des départemens et exprimeraient-ils bien l'opinion de la France, ceux à la nomination desquels n'aurait concouru qu'un aussi petit nombre de leurs concitoyens? » (*Ibid.*)

« Il a paru au contraire que plus sera grand le nombre des Français qui participeront à la nomination des députés, plus la Chambre sera ce qu'elle doit être pour remplir la place qui lui est assignée par la Charte, mieux elle portera au Roi la véritable expression de l'opinion publique, et plus elle exercera sur la France entière l'influence qui lui est nécessaire, pour seconder les vues du gouvernement et faciliter les sacrifices commandés par l'intérêt de l'Etat. » (*Ibid.*)

❃

« Des élections directes porteraient bientôt chez nous, avec plus de danger peut-être que chez nos voisins, cette vénalité corruptrice qui force les députés à revendre ce qu'ils ont chèrement acheté, et n'auraient même pas en France le faible dédommagement du patronage, que nous croyons avoir conservé dans notre système, en admettant au droit de voter ceux à qui il peut encore être utile. » (*M. du 20 février* 1816.)

❃

« Que la Chambre des députés soit réellement dans l'Etat ce que la Charte l'a établie, et l'on verra d'un bout de la France à l'autre, les hommes les plus recommandables briguer l'honneur d'y être nommés; les colléges électoraux composés de tout ce que les départemens offriront de plus considérable, et les assemblées nationales remplies de tous les citoyens admis au droit d'y voter. Qu'on veuille, au contraire, un simulacre de représentation; qu'on perpétue, sous notre Roi, l'avilissement dans lequel était retenu le corps législatif sous Bonaparte; qu'on annulle la liberté des élections; qu'au lieu d'une opinion librement émise, on veuille influencer les votes de la chambre, elle sera bientôt désertée par tous les Français dans l'ame desquels existent encore les sentimens d'honneur, de loyauté et de désintéressement qui ont long-temps caractérisé notre nation. »

« Les ambitieux, les intrigans seuls voudront accepter des fonctions qu'on ne pourra remplir qu'en trahissant sa conscience. Les colléges électoraux n'auront plus d'importance aux yeux des habitans des départemens. » (*Ibid.*)

« On repousse les priviléges et vous créez un véritable privilége (*celui des électeurs à trois cents francs*). On ne veut d'autre aristocratie dans l'Etat que celle de la Chambre des pairs, et vous créez dans l'Etat une autre aristocratie, celle de la fortune, comme si vous pensiez qu'une génération corrompue par une révolution ait besoin de ce nouveau mobile pour la porter à tout sacrifier. » (*M. du* 1er *mars* 1816.)

« Dans le système du gouvernement qui nous a été donné, la Chambre des députés est la partie démocratique, puisqu'elle est la partie chargée plus particulièrement de défendre les intérêts du peuple, de contrôler les impôts qu'il doit payer, d'accuser les ministres qui le gouvernent; c'est donner de la force au gouvernement, et non lui en ôter, que de faire de la Chambre des députés ce qu'elle doit être, une Chambre élue démocratiquement. »

« La forme de ce gouvernement ne dépend en rien de la loi des élections ; il est fixé par l'étendue de la puissance que le Roi s'est réservée, par la portion qu'il en a accordée à la Chambre des pairs, et par celle dont il a permis que la Chambre des députés pût user. » (*M. du* 1er *mars* 1816.)

« Ce que peut et doit faire une loi des élections, c'est rendre la Chambre des députés la réunion des élus des départemens, le plus réellement que cela se pourra, sans compromettre la tranquillité publique, sans exposer à des choix influencés par l'intrigue et l'esprit de faction. » (*Ibid.*)

« C'est par des exemples et non par des théories, qu'on s'instruit à faire des lois : or, en Angleterre, la liste des influences de la couronne sur les élections est telle, qu'en l'examinant on serait tenté de se demander où est la liberté des élections : 233 membres du parlement ont leur nomination influencée par 94 pairs ; 19 membres sont influencés par les ministres, et 130 autres par 46 particuliers ; 141 seulement sont sans influence et regardés comme indépendans : chez nous, il n'y a et il n'y aura jamais rien de semblable. » (*M. du 7 mars* 1816.)

❋

« Il y a de petits patentés qui se trouvent surchargés proportionnellement à leurs facultés, et il y a de forts patentés qui ne paient qu'un droit très-modique, en proportion de l'importance de leur établissement. » (*M. du* 4 *avril* 1816.)

❋

« La Charte fut donnée à la France ; une Chambre des pairs fut instituée ; les membres qui la composent sont nommés par le Roi ; une Chambre des députés fut placée à côté d'elle pour défendre plus particulièrement les intérêts de la nation : cette distinction spéciale est incontestablement prouvée par la préférence donnée à cette Chambre pour la discussion de l'impôt, et par le droit qui lui est exclusivement accordé d'accuser les ministres. » (*M. du* 9 *avril* 1816.)

❋

« Le Roi a établi la Chambre des députés pour défendre ses intérêts et ceux de ses peuples contre ses ministres même, si jamais, en abusant de sa confiance, ils venaient à les trahir. » (*Ibid.*)

« Si une émeute populaire ou tout autre motif

avait influencé une élection, la validerait-on? Celle du Pas-de-Calais a été influencée par une puissance bien plus irrésistible pour des Français; elle l'a été en abusant du nom du Roi, en intimant sa volonté, en menaçant de son mécontentement tout électeur qui ne souscrirait pas à l'élection qu'on commandait en son nom.

» Cette élection paraît renfermer une question dont la décision doit avoir la plus grande influence sur la liberté des élections *à venir*, et sur le maintien de la Charte. » (*M. du* 8 *novembre* 1816.)

« Consulterons-nous l'intérêt constant de notre pays? nous conformerons-nous à l'intention du Monarque qui a donné la Charte à la France, et nous a récemment encore manifesté la ferme volonté de ne souffrir jamais qu'il y fût porté atteinte? ou, nous laissant aller à une molle complaisance et sous le vain prétexte de faciliter la marche du gouvernement, voterons-nous la suspension ou l'abolition des garanties politiques que cette loi fondamentale nous a assurées? » (*M. du* 27 *décembre* 1816.)

« Lorsque la loi laisse le choix parmi les hommes dont elle détermine les conditions d'éligibilité, elle assure autant qu'il est en elle, à la société, la garantie qui doit résulter de ces conditions; lorsqu'au contraire elle appelle à l'exercice d'un droit la masse entière des habitans de tel âge et au-dessus, les garanties perdent de leur force; une combinaison nouvelle se forme, et ce n'est plus qu'en étudiant cette combinaison qu'on peut obtenir les lumières nécessaires pour apprécier la loi proposée. » (*M. du 27 décembre* 1816.)

❋

« Le nombre des années ne détermine pas avec exactitude le degré de sagesse et de maturité. Tel est sage à trente ans, tel autre est encore bien jeune à quarante. Si la loi nous oblige donc à reconnaître pour électeurs tous les hommes d'un âge déterminé, elle diminuera d'une manière sensible la garantie de sagesse et de maturité que l'âge de l'électeur donnait à la société lorsqu'on pouvait le choisir, lorsqu'on n'admettait pas pêle-mêle les hommes de tous les caractères, en faisant, comme on nous le propose, électeurs de droit tous ceux qui sont âgés de trente ans et au-dessus. » (*Ibid.*)

« Trois cents francs de contributions supposant un revenu de douze cents en fonds de terres, ceux qui en jouissent occupent un rang intermédiaire dans la société, entre les classes pauvres et les classes aisées; ils ont une fortune commencée, une fortune à achever; et, sous ce rapport, ne sont-ils pas dans une position assez précaire pour être plus particulièrement sous l'influence des administrateurs secondaires, qui tous, vous le savez, sont à la nomination des ministres; et ceux-ci, nous le savons encore, leur envoient des instructions, même des destitutions en matière d'élection. » (*Ibid.*)

« Toute la force du gouvernement représentatif est dans la magie de l'élection. Pour que le Roi obtienne sans résistance et presque sans plainte les sacrifices pécuniaires les plus pénibles, l'autorité sur les personnes la plus étendue; pour qu'il acquière plus de puissance réelle que n'en eurent ses prédécesseurs, il est indispensable que chaque Français puisse se croire représenté et défendu par les députés de la France, et que chaque contribuable puisse regarder, comme venant de lui-même, l'assentiment donné par eux à l'impôt ou à la loi qui contrarie ses intérêts particuliers. » (*Ibid.*)

« Pour avoir les avantages du gouvernement représentatif, il faut nécessairement supporter les épines de l'indépendance des élections. » (*Ibid.*)

« La monarchie légitime peut sans danger, elle

doit même par politique permettre aux citoyens de se grouper autour des intérêts communs, pour combiner les moyens les plus propres à obtenir qu'ils soient protégés. » (*Ibid.*)

« Ainsi, doivent s'établir, sous la monarchie légitime, les conseils des administrations secondaires, les corps de ville, les chambres de commerce, d'hommes de lois, de gens de lettres, les corporations de toute espèce. » (*Ibid.*)

« Le projet (celui de la loi des élections, du 7 février 1817) ne tend, il est facile de l'apercevoir, qu'à placer les élections des députés sous l'influence des ministres, en substituant aux colléges électoraux voulus par la Charte, des assemblées qu'il est impossible de soustraire à cette influence; il n'est propre qu'à nous donner ainsi un gouvernement presque tout entier à la disposition des ministres. Mais l'intérêt du Roi et celui de la France, car ils sont toujours d'accord, veulent, au contraire, que les élections soient libres; que la Chambre des députés soit indépendante de ceux dont elle doit discuter les propositions, et que les ministres se placent au niveau des institutions de leur pays, au lieu de provoquer le sacrifice des bases fondamentales de ces institutions à l'accroissement de leur influence. » (*M. du 27 décembre 1816.*)

« Pourquoi donc des pouvoirs sans contradicteurs? Pourquoi des influences opposées à l'esprit de nos institutions? Ne serait-ce pas, au contraire, en calmant et en rassurant tous les esprits, en donnant à tous les intérêts les moyens d'être représentés et défendus dans la Chambre des députés; en laissant à toutes les opinions la facilité d'être légalement publiées et discutées; en garantissant à tous les Français leur liberté individuelle; ne serait-ce pas, enfin, en respectant les garanties que nous a données la Charte, que les ministres pourraient acquérir en effet une véritable influence, une influence honorable, une influence qui ne leur serait plus contestée, parce qu'elle aurait pour base la confiance, la sécurité et l'intérêt de tous les Français? » (*Ibid.*)

❀

« On désire que la Charte soit respectée; et moi aussi je le désire; et c'est pour qu'elle soit respectée que je demande qu'elle soit observée et non torturée dans ses expressions, pour en tirer tout ce qu'on voudra; c'est pour qu'elle soit respectée, que je demande qu'on laisse jouir tous les Français du droit qu'elle leur a assuré de voir leurs intérêts défendus dans la Chambre des députés. » (*M. du 6 janvier* 1817.)

❋

« La Charte, la Charte.... nous devons nous en tenir à la lettre de la Charte.... Point d'interprétation.... » (*Ibid.*)

❋

« Sous Bonaparte, on a fait des listes des plus imposés; mais on sait comment elles ont été faites : il y a des électeurs qui n'ont pas dû y être; d'autres ont été omis. » (*Ibid.*)

❋

« Je ne saurais reconnaître la validité d'un vote qu'autant que les membres de l'assemblée qui l'émet, auront nommé leurs scrutateurs, auront déposé leur bulletin dans l'urne et n'auront pas perdu de vue ce dépositaire de leur vote jusqu'au moment où le dépouillement et le recensement en auront été faits. » (*M. du 8 janvier* 1817.)

❋

« Je pense que la Chambre des députés a été créée pour faire connaître avec liberté, avec indépendance, le vœu et les besoins de la nation, pour voter librement l'impôt, pour concourir à la confection des lois; et cette liberté, cette indépendance est dans l'intérêt du Roi lui-même, et le premier de ses intérêts. » (*M. du* 10 *janvier* 1817.)

❀

« On cite les assemblées délibérantes qui ont précédé la Chambre des députés. Mais qu'y a-t-il de commun entre l'Assemblée constituante, entre la Convention et cette Chambre? Alors, tous les pouvoirs étaient dans ces assemblées; elles gouvernaient; aujourd'hui, les pouvoirs sont divisés; ils se balancent l'un l'autre. Vous voyez le danger dans la liberté de l'un, moi je vois le danger dans sa dépendance; et je ne pourrais pas le dire, quand je crois que le salut de mon pays y est attaché! » (*Ibid.*)

❀

« Je pense que ce n'est qu'en exécutant la Charte et en refusant notre assentiment à tout ce qui pourrait y porter atteinte, que nous pouvons conserver nos institutions et cette légitimité, notre plus sûre garantie, non-seulement sur le trône, mais aussi dans les moyens employés pour le soutenir. » (*M. du* 15 *janvier* 1817.)

❀

« La Charte est pour la France le code des droits politiques dont tous les gouvernemens doivent, dans l'intérêt de leur force et de leur stabilité, garantir la puissance aux peuples. » (*M. du 29 janvier 1817.*)

❋

« Elle n'est pas, comme on peut le croire, un assemblage de dispositions indépendantes les unes des autres, et qu'on observerait suffisamment en ne violant pas directement le texte de l'article dont dépendrait la question à résoudre. » (*Ibid.*)

❋

« Ainsi, dans la loi des élections, tout ce qui aurait tendu à diminuer les garanties d'éligibilité, à gêner la facilité de l'émission du vote des électeurs, la fidélité du scrutin et de son dépouillement, aurait été opposé, non-seulement à tel ou tel article de la Charte, mais à la Charte elle-même ; car en établissant une Chambre élue, chargée de concourir librement au mode de l'impôt et des lois, elle a consacré la liberté et la réalité de l'élection. » (*Ibid.*)

❋

« Si vous mettez à la disposition du ministre le droit de censurer tous les journaux du royaume, vous l'établissez seul directeur de l'opinion publique en France ; vous le faites seul juge du compte que les journaux rendront de vos séances (de la Chambre des députés) ; vous lui donnez les moyens de faire attaquer vos opinions par tous ceux du royaume, sans qu'un seul ose les défendre contre lui ; vous placez ainsi les députés de la France à la discrétion des ministres dont la Charte les avait fait les contradicteurs ; vous livrez leur réputation politique, et par conséquent leur réélection à ceux qui devraient le moins l'influencer ; vous détruisez ainsi la plus importante de vos institutions, celle de la Chambre élue, seule garantie qui nous reste de toutes celles que nous avons perdues ; et considérez que vous n'arrachez pas seulement par-là quelques colonnes de l'édifice constitutionnel ; vous l'attaquez dans sa base, et vous vous exposez à le renverser lui-même. En effet, quel Français pourra désormais accepter le fardeau de nos pénibles fonctions, s'il n'est résigné d'avance à souscrire aveuglément à toutes les propositions des ministres ? » (*Ibid.*)

❃

« Ne serait-il pas insensé celui qui penserait à les combattre avec la seule arme de la raison, l'ouverture de quelque tribune au public et la faculté de faire imprimer son opinion, lorsque tous les journaux du royaume peuvent être employés à combattre, interpréter, discuter même ce qu'il a dit, et le perdre ainsi dans l'opinion de tous ses concitoyens ! » (*Ibid.*)

❃

« L'observation de la Charte, l'inviolabilité des

propriétés, la conservation des institutions qu'elle nous a données, celle surtout de la liberté des opinions dans la Chambre des députés, tous les intérêts qui peuvent être les plus précieux pour nous, sont liés à la question de la liberté ou de la censure des journaux. Si le ministre obtient le droit de donner ou de refuser arbitrairement l'autorisation aux journaux de paraître, il pourra la rendre onéreuse aux uns, la donner gratuitement à d'autres, en favoriser quelques-uns pour les mettre en mesure de se soutenir contre les opinions; il pourra user dans cette première opération des moyens les plus contraires aux droits garantis par tous les Français, par les articles 1 et 2 de la Charte. » (*M. du* 29 *janvier* 1817.)

❋

« Si des lois sévères répriment les abus de la liberté des journaux, mais s'ils ne sont soumis qu'aux lois et à l'action régulière de la justice, la liberté individuelle trouvera une garantie dans le rétablissement de la responsabilité morale du ministre qui en dispose; la réalité de l'élection des députés sera mieux assurée par la facilité de déjouer les influences dont il suffit de démasquer les manœuvres pour les rendre inutiles; enfin, la liberté des opinions dans la Chambre élue, et l'existence du gouvernement représentatif qui repose sur cette liberté, sera garantie à la France et à son Roi. » (*Ibid.*)

❋

« Hors de-là, je ne puis voir qu'anéantissement de la Charte, simulacre de la protection dont elle devait nous assurer la jouissance, asservissement de mon pays à l'arbitraire le plus dangereux et symptôme d'instabilité dans le gouvernement. » (*Ibid.*)

❋

« Nous avons essayé de beaucoup de constitutions depuis trente ans; toutes garantissaient l'inviolabilité des propriétés, la liberté publique et privée, celle des opinions et de la presse; toutes ces constitutions promettaient aux Français les garanties politiques sans lesquelles les sociétés ne peuvent s'établir sur leur seule base durable, celle de l'intérêt des peuples. » (*Ibid.*)

« Peu après la constitution, quelquefois en même temps, paraissait une loi temporaire qui en ajournait l'exécution; et l'idole constitutionnelle était couverte d'un voile jusqu'au jour où une nouvelle révolution, suite inévitable de ce système vicieux, venait la briser pour la remplacer par une autre aussi peu respectée, mais aussi peu durable. » (*Ibid.*)

❋

« La légitimité sur le trône ne peut donner seule

à nos nouvelles institutions la force de résister à ces causes destructives de tous les gouvernemens qui les laissent subsister; je n'en veux d'autre preuve que la Charte qui nous a été octroyée par le Roi, et de laquelle il a dit lui-même qu'il nous la donnait comme le supplément nécessaire à nos anciennes institutions. » (*M. du* 29 *janvier* 1817.)

« La liberté des journaux, contenue par des lois sévères, joue le premier rôle dans cette concession; c'est l'existence de la tribune de la Chambre élue qui nécessite la liberté légale des tribunes des journalistes; ce qui est dit dans l'une ne peut être transmis que par les autres; ainsi, pour que les opinions soient librement émises dans la Chambre, il faut qu'elles soient librement rapportées, commentées, discutées, attaquées et défendues dans les journaux. C'est parce qu'ils sont devenus une arme puissante, parce qu'ils peuvent exercer une grande influence sur l'opinion; c'est par les mêmes motifs allégués par le ministre pour nous faire sentir le danger de les laisser jouir d'une liberté illimitée, que nous ne pouvons consentir à les placer exclusivement et complètement sous son influence. » (*Ibid.*)

« Dans quelques discours, on a présenté ce

refus de livrer la direction de l'opinion publique aux ministres du Roi, comme un témoignage offensant de notre méfiance. Mais dans ce cas la Charte entière serait une suite d'offenses bien plus graves, puisque quelques-unes pourraient paraître arriver jusqu'à la personne même du Monarque; la Charte n'est en effet qu'une série de précautions prises contre la dilapidation des deniers publics et contre les abus de pouvoir de tout genre; comment qualifier par exemple dans ce système le vote de la liste civile? Mais lorsque le Monarque lui-même a cru devoir prendre ces sages précautions dans l'intérêt de ses peuples, lorsque nous nous bornons à demander qu'elles soient respectées, nous ne devons, nous ne pouvons offenser personne, et nous remplissons seulement les devoirs qui nous ont été imposés par notre Roi et nos concitoyens. » (*Ibid.*)

❃

« Ne perdons jamais de vue que le gouvernement représentatif nous a été donné pour lier le passé au présent et suppléer à tout ce que la révolution a détruit de nos moyens de protection et de défense; que c'est obéir à la volonté du Roi, exprimée dans la Charte, que de repousser tout ce qui pourrait compromettre l'existence de ce gouvernement; que c'est servir le Roi que de veiller à la conservation de son ouvrage et combattre un accroissement apparent de pouvoir qui ne serait en effet qu'un affaiblissement réel de l'autorité royale, puisque cette autorité est appelée à profiter de tout ce qui donnera de la force au système représentatif auquel elle s'est liée, et à souffrir avec lui de tout ce qui le mettrait en danger. » (*M. du 29 janvier* 1817.)

❋

« Notre opposition à l'établissement de l'arbitraire dans notre pays, est non-seulement dans l'intérêt du Monarque et de la Nation ; elle est encore dans l'intérêt éclairé de ceux qui nous combattent : dépositaires aujourd'hui de ce pouvoir sans bornes, ils peuvent dès demain retomber avec nous dans une situation qui leur en fasse redouter les abus. Le pouvoir est d'ailleurs par sa nature aussi dangereux pour ceux qui en usent que pour ceux contre lesquels il est dirigé. » (*Ibid.*)

« L'abus suit constamment, et sans qu'on l'aperçoive soi-même, l'exercice d'un pouvoir dont on voudrait passer les limites ; mais l'abus créant les méfiances et multipliant les obstacles, finirait bientôt par replacer la société dans le seul état qui puisse être durable, celui où tous les intérêts sont garantis, les institutions respectées et les factions réduites au silence. » (*Ibid.*)

« Tendrait-on à faire dégénérer le gouvernement représentatif qui nous a été donné en une vaine représentation, et sous le prétexte que l'esprit français est trop indépendant pour jouir en réalité de nos institutions nouvelles? voudrait-on ne nous en laisser que le simulacre? On se tromperait encore; les Français ont de l'énergie et de l'honneur encore plus que d'indépendance dans leurs opinions; ils s'éloigneraient la plupart des fonctions qu'on aurait rendues incompatibles avec leur conscience et l'estime de leurs concitoyens, et je doute que le gouvernement légitime et le repos de la France fussent plus assurés alors qu'ils ne le sont aujourd'hui, où l'on trouve encore une opposition qui peut paraître importune, mais qu'on regrettera peut-être le jour peu éloigné où elle aura perdu l'espoir d'être utile. » (*Ibid.*)

« Permettre qu'on provoque assez publiquement l'établissement du pouvoir absolu en France, et ce qu'on appelle le gouvernement par ordonnances, c'est s'aveugler étrangement sur le véritable esprit des Français. » (*Ibid.*)

« Tous ceux qui sont appelés à remplir le Trésor public aux dépens de leur aisance particulière, tous ceux qui paient et ne sont pas payés, ces 99/100es de la nation, sentiront comme nous le danger des prodigalités et des faux systèmes, et la nécessité, pour les prévenir, de ces garanties et de ces institutions protectrices que nous défendons; ils désireront comme nous la libre élection des défenseurs de leurs intérêts, l'indépendance de la Chambre des députés des départemens, la liberté légale des personnes et des journaux; parce que, comme nous, ils sentiront que sans toutes ces libertés la réalité du gouvernement représentatif est compromise, et avec elle la seule garantie qui nous reste contre le retour des révolutions et l'exagération des impôts. » (*Ibid.*)

« Si le gouvernement représentatif est désormais pour nous le seul refuge contre de nouvelles révolutions, et la seule garantie que nous puissions avoir contre les abus destructeurs des empires, maintenons le gouvernement représentatif que nous a donné la Charte, en lui conservant les appuis qu'elle a reconnus lui être nécessaires; et j'ai prouvé que la liberté des journaux était la plus indispensable. » (*Ibid.*)

« Garantissons légalement la société des dangers de la licence des journaux, mais ne livrons pas à l'arbitraire l'arme utile et puissante dont ils sont dépositaires; car pour éviter un danger, nous nous précipiterions dans un abîme. » (*Ibid.*)

❋

« C'est avec un profond sentiment de mon insuffisance et sans autre prétention que de m'acquitter d'un devoir, sans autre but que d'être utile, que je viens soumettre à la Chambre l'opinion d'un député point du tout financier, mais sans place et sans pension. Ainsi, si elle ne doit pas attendre de lui des lumières transcendantes, elle peut espérer du moins de trouver dans son opinion indépendance et désintéressement. » (*M. du* 8 *février* 1817.)

❋

« J'avouerai avec quelle facilité on s'accoutume à considérer les impôts une fois établis, comme pouvant et devant l'être pour toujours. » (*Ibid.*)

❋

« Oui, notre longue domination sur l'Europe a fait naître au milieu de nous non une nation nouvelle, mais une collection de quelques milliers d'individus pour lesquels les marchés avec les gouvernemens, les spéculations, l'habitude des places et des dépenses, ont fait long-temps regarder l'Europe comme un vaste champ d'exploitation, et depuis, les revenus de la France comme un patrimoine. » (*Ibid.*)

❋

« Ne nous laissons influencer ni par les calomnies dirigées contre les députés qui défendent les intérêts de leur pays, lorsqu'on espère qu'ils ne reviendront plus, ni par les efforts faits pour empêcher leur retour, ni par la décision tranchante qui déclare les Français irréconciliables, lorsque des intérêts communs assurent au contraire la stabilité de leur union nouvelle. » (*Ibid.*)

« Les ministres sont aux prises avec les personnes; c'est moins les emplois que les individus qu'ils ont de la peine à supprimer; c'est à la Chambre qui ne voit pas les individus et qui peut juger si les emplois sont indispensables, à ne voter des fonds que pour ceux qui lui paraîtront tels dans l'intérêt du pays. » (*Ibid.*)

« Henri IV et Sully, d'adorable mémoire, trouvèrent la France aux prises avec les mêmes circonstances, livrée aux mêmes ennemis; leur cœur, leur fermeté, leur sagesse, parvinrent à fermer les plaies de l'Etat : sous un gouvernement représentatif, c'est à la Chambre qui vote les impôts, à seconder les vues du digne petit-fils d'Henri IV; c'est à elle à jouer le rôle de Sully, en défendant le Monarque contre l'importunité des demandes et la facilité de les accorder.... C'est à elle à dire à son Roi combien de communes pauvres sont surchargées pour payer les émolumens de l'emploi superflu qui doit être supprimé. » (*Ibid.*)

❃

« En tête de ces emplois sans fonctions, mais non sans émolumens, figure celui de ministre d'État : un titre aussi honorable suffit sans doute pour témoigner la reconnaissance et la faveur du Monarque ; il doit suffire aussi au sujet qui a le bonheur de l'obtenir ; mais puisqu'il n'exige aucun travail, qu'il ne nécessite aucun service, il me semble ne devoir comporter aucun traitement ; il n'en sera que plus honorable et plus honoré. » (*Ibid.*)

❃

« Je serais fondé à demander ce qu'est le conseil d'État dans une constitution qui ne le reconnaît pas, et de quelle utilité il peut être dans notre gouvernement représentatif qui n'en a pas besoin. » (*Ibid.*)

❃

« Lorsque dans la constitution impériale, l'arbitraire le plus absolu se fut allié à un reste d'apparence de gouvernement représentatif, il fallut conserver la Chambre d'orateurs qui devait jouer au corps législatif le rôle qui lui était assigné ; il fallait, dans l'intérêt même du despote, un contrôle réel qui contînt les ministres dans le devoir.

A cette époque le conseil d'Etat jouait un grand rôle. Il fit souvent trembler les ministres, les força constamment à suivre la ligne de l'intérêt et de la volonté du despote. En ce sens, le conseil d'Etat, en servant son maître avec zèle, et contenant les ministres dans les bornes de leurs attributions, en cassant leurs décisions arbitraires ou injustes, fut utile à la nation, et contribua à rendre le joug qui lui était imposé moins intolérable. » (*Ibid.*)

« Mais aujourd'hui que c'est dans la Chambre elle-même, que le gouvernement doit trouver les orateurs les plus influens et les plus capables de le bien servir; aujourd'hui que la réalité du gouvernement représentatif doit exister pour nous, je suis fondé à demander si la dépense des huit cent mille francs que coûte le conseil d'Etat est indispensable, et s'il n'est pas de notre devoir de ne plus la voter. » (*Ibid.*)

« Le ministère des finances est divisé en plusieurs administrations générales, qui ont leur directeur général, leurs administrateurs, leurs bureaux, leurs traitemens temporaires de réforme, leurs indemnités et gratifications, et les fournitures et menues dépenses. Ces petits ministères ont aussi un petit conseil, composé de quatre ou sept administrateurs, qui certainement peuvent être remplacés par des chefs de division. Tous ces rouages avaient été créés pour donner des places, par un gouvernement qui devait conquérir le monde ou périr. Il a succombé : soyons assez sages pour ne pas persister dans le système impraticable de soutenir, avec les impôts de quatre-vingt-six départemens, ce qu'aurait eu beaucoup de peine à supporter l'auteur de ce système avec le produit des dépouilles du monde. » (*Ibid.*)

« Si le Roi savait, si la Chambre pouvait connaître toutes les dilapidations qui se sont perpétuées ou nouvellement introduites dans les diverses branches de l'administration du Royaume, les réformes que nous demandons obtiendraient un assentiment unanime ; mais une commission du budget ne peut pénétrer dans les détails. Elle verrait qu'on fait des retenues, et qu'elles sont remplacées au double par d'énormes gratifications, que les chefs sont logés, meublés, voiturés, chauffés.... Que plusieurs font passer leurs domestiques pour garçons de bureau.... Comment les finances résisteraient-elles à de telles prodigalités? C'est à la Chambre à y mettre un terme en ne votant que les fonds nécessaires aux dépenses indispensables, et en exerçant envers les ministres qui outrepasseraient leurs crédits, ou distrairaient les fonds de l'application que vous leur auriez donnée, le droit que vous tenez de la Charte et de leur responsabilité. » (*Ibid.*)

❋

« Je ne puis abandonner l'examen du ministère des finances sans signaler la suppression de la direction des contributions directes qui coûte à l'Etat 3,020,000 francs, comme la réforme la plus utile et la plus généralement réclamée. Son seul travail est la confection des rôles, et chacun sait que les employés les font faire par les premiers copistes, et s'approprient ainsi un bénéfice sur ce travail mécanique. Aussi ces rôles sont-ils mal faits, les noms estropiés, les emplois doubles fréquens, les mutations tardivement énoncées. Avant la révolution, les communes dressaient elles-mêmes leurs rôles; elles l'ont bien fait dernièrement pour les réquisitions et charges arbitraires ou extraordinaires; elles pourraient bien le faire pour les rôles ordinaires. » (*Ibid.*)

❋

« Si l'on persiste à vouloir tout décider à Paris; si le Trésor public continue à être absorbé par les prodigalités personnelles et les dilapidations générales, par l'accablante cherté du système gigantesque qu'on s'obstine à maintenir; s'il a versé plus de fonds pour appliquer aux dépenses locales, quoiqu'on ait doublé les impôts destinés à leur acquittement, n'appelons pas nos conseils-généraux de département à concourir à ces mesures; que les suites désastreuses ne puissent en être imputées qu'à ceux qui nous l'imposent, et qu'on ne dise pas qu'il y a spécialité là où il n'y a en effet que centralisation. » (*Ibid.*)

« Mais on veut que tout vienne à Paris, on veut tout connaître à Paris, tout décider à Paris. Il faut donc laisser tout faire à Paris et continuer à gémir, dans le fond de nos retraites, sur l'ignorance, l'imprévoyance, la négligence de Paris. Un meilleur temps viendra sans doute, et n'est pas éloigné; car l'excès du mal amène le remède, et lorsque, administration communale, départementale, instruction publique, culte religieux, rien ne pourra plus se soutenir, et que, institutions, routes, édifices, menaceront également d'une ruine prochaine, le centre alors, l'estomac politique de l'Etat, sentira la nécessité de rendre la vie et la liberté aux membres, afin de se conserver lui-même. » (*Ibid.*)

« On veut maintenir aujourd'hui tout ce qu'on a vu réussir sous Bonaparte. Mais voyez donc qu'il vous faudrait son sceptre de plomb et son bras de fer. Voyez donc qu'il vous faudrait abuser aussi la nation sur ses vrais intérêts par le fantôme d'une gloire gigantesque. Voyez donc qu'il vous faudrait, comme lui, maintenir les impôts à un taux modéré et gorger la nation des dépouilles du monde. » (*Ibid.*)

❋

« Les dépenses administratives s'élèvent à la somme énorme de 33 millions, et nous ne sommes pas administrés; et tout languit, tout dépérit, tout se détruit dans nos départemens. N'en accusez que notre système. Pourquoi ne pas réduire le nombre des préfectures comme on doit réduire celui des Cours royales? Croyez-vous qu'un préfet ne puisse suffire à quatre départemens, lorsque l'intendant d'une province suffisait autrefois pour le même territoire. Son traitement et ses frais de bureaux ne nous coûtaient que 25,270 francs; les mêmes frais pour les huit préfets qui l'ont remplacé nous coûtent 700,000 francs de plus; quatre départemens réunis sous un même préfet mettraient en commun leur richesse ou leur pauvreté, et rendraient praticable et facile le système de spécialité que l'on ne peut adapter au morcellement actuel. » (*Ibid.*)

❋

« Savez-vous à quoi le crédit est lié? c'est à l'économie la plus sévère, à l'exactitude la plus scrupuleuse dans les comptes que vous recevez et que vous rendez aux Chambres, la ponctualité à ne jamais dépasser vos crédits, et l'abandon formel et sans retour de cet agiotage qui s'est introduit dans votre ministère en 1814, s'en est rendu maître depuis, vous coûte chaque année 15 millions en frais de négociation, et fait du ministre des finances de France, l'enfant prodigue sans cesse aux prises avec ses créanciers, toujours aux expédiens pour se procurer de l'argent, et attirant sur lui, comme sur une proie qu'il ne s'agit que de partager, tous les vautours financiers qu'a créés la révolution, et les dilapidations qui lui ont toujours servi d'appui. » (*Ibid.*)

❋

« Les choses gagnent toujours à être vues comme elles sont, et ce n'est pas à des députés français qu'on peut craindre de communiquer avec franchise des réclamations justes, comme il faut ne leur en présenter jamais qui n'aient évidemment ce caractère. » (*Ibid.*)

❋

« La patente d'un contribuable ne doit être augmentée que dans les cas et suivant les formes voulus par la loi; la patente d'un savetier ne peut être changée en celle d'un cordonnier; celle d'un débitant en celle d'un marchand en gros; celle d'un mesureur en celle d'un revendeur, selon le libre arbitre d'un inspecteur ou d'un contrôleur des contributions. Il est à observer que ces prétendues rectifications tombent uniquement sur les dernières classes industrielles; les plus élevées étant par la quotité de leur impôt hors de l'atteinte de ce danger. Les contribuables apprennent la première nouvelle de leur promotion par l'avis de la somme qu'ils ont à payer. Ils n'ont d'autre ressource que celle de réclamer auprès du préfet par une pétition dont il faut commencer à supporter les frais; car on sait qu'elles ne peuvent être faites que sur papier timbré; ces pétitions sont renvoyées au maire qui dit ce qu'il sait sur le genre d'industrie qu'exerce le pétitionnaire et sur le plus ou le moins de bénéfice qu'il croit qu'elle lui procure; la pétition ainsi revisée retourne au préfet, et le conseil de préfecture prononce; mais les contribuables sont obligés de payer provisoirement; plusieurs le font plutôt que de perdre leur temps à réclamer; peu voient leurs réclamations suivies de quelque succès, et tous sont vivement affectés d'une surcharge inattendue et souvent injuste. » (*M. du* 19 *février* 1817.)

*

« L'homme qui avait à se maintenir sur un trône usurpé, et qui voulait faire la conquête de l'Europe, devait tout sacrifier à la possibilité de lever à son gré des soldats et des impôts, et à la nécessité de comprimer la nation; il sacrifia en effet nos libertés publiques et l'économie des frais d'administration à un système qui, par ses combinaisons et au moyen d'une immense quantité de salariés, mit à sa disposition jusqu'au dernier homme et au dernier écu de France. » (*M. du* 21 *février* 1817.)

*

« L'usurpation lui imprimait la nécessité d'opprimer et de conquérir; c'est donc pour atteindre ce but qu'il établit l'administration actuelle, et nous fûmes en effet toujours opprimés par elle, mais jamais administrés. » (*Ibid.*)

« Devons-nous, dans notre situation actuelle, employer, sans les modifier, des moyens qui étaient destinés à atteindre un but qui ne peut être le vôtre. Je pense, au contraire, que le Monarque légitime doit gouverner la France avec un système plus paternel et plus économique, avec une administration qui ait la force nécessaire pour administrer, mais qui ne puisse opprimer ni ruiner les citoyens; car ces résultats, nécessaires aux usurpateurs, sont inutiles et même dangereux pour les rois légitimes. » (*Ibid.*)

*

« Je ne puis donc partager les opinions politiques qui porteraient à repousser la réduction de ce système d'administration, dans la crainte de l'affaiblir, puisque, au contraire, je pense que l'excès de force qu'il a est inutile et dangereux pour le Roi, et qu'il peut et doit être diminué pour mieux nous garantir des dangers de nouvelles oppressions et de nouvelles révolutions. » (*Ibid.*)

❋

« J'ai vu mettre en question dans quelques journaux : Si l'organisation de l'instruction publique aurait lieu en vertu d'une loi, ou s'il suffirait d'une ordonnance. Il n'en est pas de plus nécessaire ; et une loi seule peut déterminer l'importante organisation dont il s'agit. » (*M. du* 27 *février* 1817.)

❋

« Un emprunt est un impôt, car il amène la nécessité de l'impôt. » (*M. du* 4 *mars* 1817.)

❋

« Prétendre que le vote de l'emprunt est la seule attribution de la Chambre élue, et que, si elle en fixait les conditions, elle empiéterait sur les droits de la couronne, est à mes yeux comme si dans le vote des impôts on s'opposait à ce qu'elle en fixât le tarif ; ainsi quand elle aurait dit que, par des droits d'enregistrement, on lèvera sur la France 140 millions, par des droits sur les douanes 23 millions, par des droits sur les sels 47 millions, et ainsi de suite pour tous les impôts, elle aurait suffisamment rempli son devoir, ses droits ne pourraient s'étendre au-delà de cette fixation ; tout le reste serait du domaine de l'administration, car elle seule exécute; ainsi les conditions de la levée de ces impôts, comme celles de la négociation de nos rentes, seraient du domaine de l'exécution, et par conséquent hors de la compétence des Chambres. On sent la faiblesse de pareilles prétentions, il suffit d'en faire l'application pour les réduire à leur juste valeur; l'exécution de l'emprunt appartient au gouvernement, mais l'autorisation de l'emprunt, la fixation de la quotité du mode et des limites dans lesquels il pourra être fait, sont dans les attributions du pouvoir législatif, qui vote les impôts dont l'emprunt fait partie et peut devenir le plus onéreux. » (*M. du* 4 *mars* 1817.)

« Un fonds d'amortissement n'est, en réalité, qu'un mode de remboursement des capitaux empruntés; ce mode, sagement combiné, est d'autant plus utile et d'autant plus ingénieux, qu'il ne rembourse que ceux qui veulent l'être, et que par son action constante et régulière, il ajoute à l'avantage de l'amortissement de la dette le soutien du cours des effets publics. » (*Ibid.*)

« Les lois, qui ne ménagent pas tous les intérêts qui méritent de l'être, n'ont d'autres résultats que d'obliger à chercher à s'y soustraire par tous les moyens, et de faciliter les précautions avec lesquelles ont parvient à les éluder. » (*M. du 9 mars* 1817.)

« Fidèles à la France et au Roi, nous devons avertir des dangers de la route dans laquelle on s'égare; à chaque pas qu'on fait en avant, on doit rencontrer notre opposition; elle doit exister jusqu'à l'abandon du système ou jusqu'au dénouement fatal que nous aurons retardé de tout notre pouvoir, mais qu'il n'aura pas dépendu de nous d'éviter à notre pays. » (*M. du 14 décembre* 1817.)

« Tenter de substituer l'arbitraire au règne de la Charte, essayer sous les Bourbons des moyens nés sous Bonaparte, c'est méconnaître étrangement, je crois, et les Français et les Bourbons, c'est exposer également et la France et la légitimité : la France ne peut éviter de nouvelles convulsions, le trône de nouvelles catastrophes, que par la réunion de tous les Français autour du Roi légitime. Cette union ne peut s'opérer que par la confiance; la confiance ne peut s'établir que par l'exécution franche et complète des lois que la restauration a substituées à celles qui, durant des siècles, ont uni la France à la famille régnante. » (*M. du 14 décembre 1817.*)

« La liberté de la presse, avec une forte et juste répression de ses abus, est du nombre de ces lois fondamentales; elle est la compagne indispensable de la liberté nécessaire à cette tribune sous un gouvernement représentatif. » (*Ibid.*)

« La perte de l'une de ces libertés doit nécessairement entraîner celle de l'autre; la suspension prolongée de l'une rendrait l'usage de l'autre aussi peu utile au pays, que dangereux pour ceux qui seraient appelés à en user. Elle est un sujet d'agitation, car elle établit une lutte dans laquelle il faut nécessairement que cette tribune conquière la liberté de la presse, ou qu'elle soit réduite au silence elle-même par l'asservissement de la presse.» (*Ibid.*)

« Des tribunaux de police correctionnelle n'auront jamais assez d'influence et de pouvoir pour lutter avec avantage contre l'esprit de faction, résister au torrent des mauvaises doctrines, et préserver la société des dangers nouveaux auxquels vont l'exposer les abus de la liberté nouvelle qu'il nous importe de conserver en en réglant l'usage. L'expérience a déjà prouvé ce que j'avance. » (*Ibid.*)

« Dans tel procès, la plaidoirie a été plus nuisible à l'autorité que le contenu de l'ouvrage; dans tel autre, l'exécution du jugement a causé plus d'embarras au gouvernement, l'a conduit à des concessions plus dangereuses que n'eût été la libre circulation de l'écrit imprimé. » (*Ibid.*)

« D'où sont nées ces conséquences, si ce n'est de la faiblesse relative du tribunal appelé à juger, avec la force de l'arme dont il était chargé de régler l'usage? » (*M. du* 14 *décembre* 1817.)

« D'autre part, ces tribunaux n'ont pas assez d'indépendance pour garantir le libre exercice d'un droit public aussi important que celui de la liberté de la presse. » (*Ibid.*)

« L'inamovibilité est la garantie de l'indépendance, nous dit-on; mais les nombreux exemples et la longue habitude de l'arbitraire, le souvenir récent de tant de révolutions, la nécessité de plater ses enfans, le désir d'avancer dans sa carrière, tout ce qui pèse sur nous dans notre condition privée, n'est-il pas fait pour anéantir toute indépendance, toute certitude, même celle de l'inamovibilité? » (*Ibid.*)

❀

«L'inamovibilité de nos juges, et plus encore leur conscience, nous garantit sans doute l'indépendance de leur jugement, lorsqu'ils auront à prononcer sur notre fortune, notre vie ou notre honneur. Mais si vous les placez entre un particulier et un ministre, si vous les mettez aux prises avec l'opinion pour la publication ou la suppression d'un écrit, vous commettez une imprudence, vous exposez ou le juge ou la justice. C'est pourtant de l'indépendance de ce jugement que résultera l'existence ou l'anéantissement du droit qui nous a été donné par l'art. 8 de la Charte. » (*Ibid.*)

❀

« On a dit que l'institution des jurés était démocratique : la liberté de la presse est aussi une institution démocratique; et c'est peut-être la raison pour laquelle la répression de ses abus, pour être possible, doit être confiée à une institution démocratique, à des jurés; c'est parce qu'il se trouve dans notre gouvernement des élémens monarchiques, des élémens aristocratiques et des élémens démocratiques, que nous vivons sous une monarchie mixte et constitutionnelle. Combinez ces élémens avec sagesse, et votre résultat sera monarchique ; excluez l'un d'eux, lorsqu'il doit être admis, vous rompez la balance et tombez dans l'anarchie et sous l'arbitraire. » (*M. du 14 décembre* 1817.)

❋

« On ne veut voir que des crimes et des délits à juger, là où il s'agit de prononcer sur une question complexe et d'un ordre plus élevé. On n'use de la liberté de la presse en politique, que pour agir sur l'opinion ; il semble donc naturel et sage d'employer une force puisée dans l'opinion pour juger les abus de la presse. Nos tribunaux ordinaires pourront prononcer des jugemens, mais ne jugeront jamais réellement les écrits. » (*Ibid.*)

❋

« Une institution supérieure, une institution hors de toute influence, une institution qui tire sa force de l'opinion, et qui, par conséquent, laisse réagir avec force sur elle, me paraît nécessaire pour prononcer sur la conservation ou l'anéantissement d'un droit public, sur lequel repose le gouvernement représentatif. » (*Ibid.*)

❋

« Je crois faire une proposition conforme à la

saine raison et à l'esprit constitutionnel, en demandant que des hommes déjà choisis par la Charte pour discuter nos lois et conserver nos libertés, soient appelés de préférence pour prononcer sur l'exercice d'un droit aussi intimement lié à nos institutions politiques. » (*Ibid.*)

❋

« Tels soins qu'on porte à la rédaction des lois répressives des abus de la presse, elles laisseront toujours d'immenses lacunes à la discrétion du juge, parce que ces abus peuvent se modifier à l'infini; les garanties que la loi ne peut donner, parce qu'elle ne peut prévoir ni préciser tous les cas, doivent se retrouver autant que possible dans l'indépendance et la composition du tribunal; disons mieux, dans la conscience d'un juge supérieur. Je ne vois que ce moyen d'exécuter complètement, et sans danger, l'art. 8 de la Charte. » (*Ibid.*)

❋

« Que les ministres cessent de faire obséder les tribunaux, les administrations et les corps militaires, par ces agens de police qui ont intérêt à tout brouiller, tout envenimer, tout exagérer pour se donner de l'importance; qui trompent leur chef sur l'état des choses, et font qu'il se trompe lui-même en rendant compte au Roi de ce qu'il croit savoir. » (*Ibid.*)

« Enfin, tout est dans ce peu de mots : Que les ministres soient soumis à la Charte, et qu'ils fassent exécuter les lois. » (*Ibid.*)

« La Charte a créé pour nous une ère nouvelle, d'où datent tous nos droits actuels; elle a placé la limite entre les pouvoirs qu'elle a créés et celui qui l'a créée elle-même. » (*M. du* 6 *février* 1818.)

« Ce n'est ni des droits du Roi, ni de ceux de ses successeurs, pas plus que des Rois qui l'ont précédé, qu'il s'agit; c'est de l'observation de la Charte que nous avons jurée, de la conservation des garanties qu'elle nous a données, de la stabilité des institutions sur lesquelles sont fondés et le bonheur et le repos des peuples. » (*Ibid.*)

« Si vous faites passer dans le domaine de la législation ce qui est du domaine de l'exécution, vous portez atteinte à la base de vos institutions, vous vous précipitez dans la confusion, vous détruisez au lieu d'édifier, vous anéantissez vos garanties au lieu d'en créer de nouvelles. Ce n'est pas une loi que vous acceptez, c'est une nouvelle division de pouvoirs, c'est une révision de la Charte. » (*Ibid.*)

« Sans institutions administratives et judiciaires, point de sûreté pour les citoyens, point de force pour le gouvernement, point de finances pour l'État. » (*M. du* 5 *avril* 1818.)

» Pour imiter l'Angleterre dans l'immensité de ses emprunts, il faudrait, comme elle, dégrever la propriété de ces impôts directs qui, tuant la production des matières premières, atteignent dans leur source tous les moyens de développemens pour l'industrie. » (*Ibid.*)

« Veut-on sincèrement garantir la France de nouvelles convulsions et donner à la seconde restauration plus de stabilité qu'à la première ; au gouvernement du Roi plus de durée que n'en ont eu tous les gouvernemens agglomérés qui se sont succédés depuis trente ans ; il faut donner au trône l'appui des institutions ; s'il reste isolé comme il l'est, la force seule pourra le soutenir : mais la force peut s'égarer, se livrer à l'usurpation, et nous retomberions sous le despotisme militaire ; la force peut céder à l'influence démocratique, et nous retomberions dans l'anarchie. » (*Ibid.*)

» Consultez notre histoire ; jetez les yeux sur les nations qui nous environnent ; partout vous trouverez institutions municipales, institutions provinciales, diocèses, paroisses et corporations ; mais, partout, excepté chez nous, vous trouverez ces noms liés à des intérêts accompagnés de droits pour les protéger. Aussi partout, excepté chez nous, le gouvernement a l'appui de la force de ces divers groupes qu'il a laissé se former dans l'État, et nulle part, excepté chez nous, d'obscurs conspirateurs n'oseraient concevoir l'espoir d'asservir tout un royaume par le seul fait de l'occupation de la capitale ou par des combinaisons qui les porteraient au pouvoir. » (*Ibid.*)

» Je répéterai au bout de trois années, puisqu'elles n'ont amené aucune amélioration dans l'état de nos institutions, que nous n'aurons de repos et de stabilité, que nous ne serons réellement organisés, à l'abri des révolutions et de tous les décrets qui les accompagnent, qu'après avoir pourvu d'une manière forte et invincible à la défense de tous les intérêts sociaux qui méritent protection. » (*Ibid.*)

« Lorsque la rage de l'unité et de l'uniformité

eut détruit toutes les administrations secondaires, les routes furent généralement négligées et devinrent impraticables. On établit des barrières pour avoir le moyen de les entretenir. » (*M. du* 5 *avril* 1818.)

« Rendez l'autorité bienfaisante et protectrice si vous voulez intéresser à sa défense et mettre un terme à la fatale popularité de ses détracteurs. » (*Ibid.*)

« Tant qu'on voudra maintenir le système actuel et tout nommer et tout diriger du centre, il faut s'abonner à rester asservi sans défense possible à la domination exclusive des commis de bureau des préfectures et des ministres; car ce sont eux qui certainement ont la plus grande influence sur les nominations et les décisions qu'on croit réservées au Roi; il faut aussi s'abonner à rester exposé à toutes les révolutions que les audacieux pourraient tenter à Paris, car lorsque rien ne peut se faire d'un bout de la France à l'autre que d'après la direction et les ordres de Paris, la faction ou l'usurpateur qui se rendent maîtres de Paris deviennent par ce seul fait maîtres de toute la France. » (*Ibid.*)

« On veut rétablir la monarchie et conserver

l'unité et l'égalité républicaines; on veut nous faire jouir des avantages d'un gouvernement constitutionnel, et on conserve précieusement le système d'administration le plus approprié au despotisme qui jamais ait été inventé. » (*Ibid.*)

« Je sais bien que chacun croit trouver dans cette organisation l'espoir de réaliser quelque vue favorite. » (*Ibid.*)

« Ainsi que je l'ai observé, ce beau royaume, sans institutions, ne ressemble pas mal à une table rase sur laquelle les novateurs peuvent continuer, sans obstacles, cette longue série d'expériences politiques dont les essais déjà faits à nos dépens devront, ce me semble, avoir pour toujours dégoûté tous les Français sincèrement attachés à leur pays. » (*Ibid.*)

« S'il était vrai que l'examen et la signature des détails absorbassent tellement tout le temps des ministres, qu'il ne leur en restât plus pour s'occuper de l'ensemble, qui est pourtant la partie la plus importante et celle dans laquelle leur direction est indispensable, ne resterait-il pas prouvé que l'autorité supérieure doit renoncer à ce qu'elle ne peut faire pour l'abandonner à ceux qui le peuvent mieux qu'elle, à ceux qui y ont un intérêt plus direct qu'elle, et conserver tout son temps, toute son attention, toute sa force pour la direction générale dans laquelle elle ne peut être suppléée. » (*Ibid.*)

« Les victoires et les conquêtes de Bonaparte, telles sont les vraies causes des succès de son administration. Dès qu'il fut vaincu, quoiqu'on le redoutât encore, demandez à ses préfets comment furent levés les impôts, comment partirent les conscrits; demandez-leur encore combien on avait de moyens de l'abuser, lors même qu'il était au faîte de sa puissance; demandez le compte à toutes les administrations secondaires, des recettes qu'elles lui dissimulaient, d'un commun accord; pour les appliquer à des dépenses qu'il n'eût pas autorisées, ou pour lui soustraire des fonds qu'il eût dilapidés. » (*Ibid.*)

« Rentrés sous la domination du prince légitime, rendus à la réalité du gouvernement représentatif, est-il conséquent, est-il politique, est-il possible de maintenir un système d'administration aussi dépourvu de justice, puisqu'il laisse sans défense une partie de nos intérêts; aussi peu conservateur, puisqu'il suffit d'en changer la direction dans un seul point pour l'opérer sur-le-champ dans toutes les parties; aussi fécond en sujets de plainte et d'attaque contre le gouvernement, puisqu'il tend à rendre les ministres responsables des actes administratifs les plus minimes dans toute l'étendue de ce vaste royaume? » (*Ibid.*)

« Non, et la loi qui doit régler enfin l'organisation de l'administration publique en France, en conséquence de la restauration de la Charte, n'ayant pas encore été donnée, j'ai dû, dans l'intérêt de mon pays, dire ce que je pense de la direction qu'elle doit avoir pour satisfaire à nos puissans besoins sous ce rapport. » (*Ibid.*)

« Que les partisans du pouvoir ne craignent pas de le voir atténué par la création des administrations plus étendues et moins asservies; elles existent chez tous nos voisins, et leurs princes ne sont pas moins puissans sans cela; elles existaient en France avec une intervention plus ou moins directe dans le vote des impôts généraux, et cependant personne n'accusait la France de n'être pas assez soumise à son Roi; alors dans chaque localité existaient des corps puissans qui avaient leurs droits, leurs fonctions, leurs priviléges, auxquels le Roi ne portait point atteinte; et si l'on compare sous ces rapports l'ancienne puissance de nos rois avec celle que le présent état des choses met à leur disposition, on reconnaîtra qu'en établissant l'égalité, qu'en renversant toutes les digues élevées par le temps contre les atteintes du pouvoir, la révolution a fait en faveur de ses dépositaires tout ce qu'elle a cru faire en faveur d'une folle liberté. » (*Ibid.*)

« Craindrait-on d'ouvrir encore une voie à l'invasion de la démocratie? J'observerai que la démocratie pourra bien être dans la loi si on l'y place; mais que certainement elle n'est pas dans les institutions que je réclame, nées sous la monarchie, anéanties par l'anarchie et le despotisme, avec lesquels elles ne peuvent sympathiser. » (*Ibid.*)

« Écartez de l'organisation de ces corps précieux (de la magistrature) tout ce qui peut donner à l'autorité un moyen quelconque d'influence sur eux; c'est au nom du Roi que la justice doit rendre ses arrêts; ce ne sont jamais les vues ou les intérêts du gouvernement qu'elle doit consulter. » (*Ibid.*)

« Dégagez l'institution du jury de l'aristocratie qui préside à sa composition, et que jamais on ne puisse attribuer la destitution d'un préfet, à son refus de faire la liste des jurés dans un sens indiqué. » (*Ibid.*)

« Que les conseils de préfecture et le conseil-d'État cessent de prononcer sur nos intérêts les plus précieux, ou donnez-nous la garantie promise par la Charte, de l'inamovibilité de nos juges. » (*Ibid.*)

« Je dis que cette fatale incertitude dans laquelle nous sommes plongés, est l'effet des opérations de la police, produit de ses dépenses secrètes, et je le prouve. Quel autre agent du pouvoir peut recueillir des moyens d'éclairer, et ne pas les produire? Quel autre peut avoir des preuves de culpabilité, et ne pas les administrer? Quel autre peut connaître les vrais coupables, et ne pas les livrer à la justice? Que dis-je? lui laisser immoler à leur place des instrumens secondaires? » (*Ibid.*)

« La justice est un devoir du gouvernement envers les citoyens; il ne dépend pas de ses agens d'en retarder ou d'en refuser le bienfait. L'instruction contre les prévenus est confiée à des fonctionnaires désignés, soumise à des formes prescrites par la loi; il n'appartient pas à des agens de la police;

ayant à leur disposition des dépenses secrètes, de se faire juges instructeurs. » (*Ibid.*)

« Rendons autant qu'il est en nous la surveillance des délits à l'administration chargée de les prévenir, et à la justice chargée de les punir : ôtons à la police tout moyen de les provoquer, d'en dissimuler les preuves, et d'attendre l'instant favorable pour en faire usage. » (*Ibid.*)

« La croyez-vous bien disciplinée, bien sûre, bien fidèle, cette armée composée d'êtres la plupart si démoralisés, et servant depuis trente ans toutes les polices ? la croyez-vous bien dans la main du ministre ? Pour moi, je ne le pense pas, et plus nous avançons, plus je me crois sûr qu'il n'est pas le seul dont elle reçoit la direction. » (*Ibid.*)

« Que le gouvernement ait un conseil, que l'administration ait un tribunal pour juger la validité de ses actes, je ne combattrai pas cette opinion ; mais que si ce tribunal peut prononcer sur ma propriété, il soit organisé par la loi, contraint de juger d'après les lois, et que les membres qui le composent soient inamovibles et hors de la dépendance du gouvernement ; car la Charte nous a assuré cette garantie, et elle nous est d'autant plus nécessaire, que ce tribunal (le conseil-d'État) doit connaître de nos contestations avec le gouvernement lui-meme. » (*M. du* 26 *avril* 1818.)

« De deux choses l'une, ou toutes les lois qui ont institué le conseil-d'État, ou celles qu'il évoque pour continuer la confiscation, existent, et alors les articles de la Charte qui l'abolissent, qui nous laissent nos juges naturels, qui nous donnent des juges inamovibles, sont sans effet pour nous, et il est utile de le savoir; ou en abolissant la confiscation, en nous garantissant que nous ne pourrions être distraits de nos juges naturels, et qu'ils seraient inamovibles, la Charte nous a donné de véritables garanties, et alors le conseil-d'État ne peut plus appliquer les lois de la révolution; il doit se conformer à la Charte. Les tribunaux peuvent tout juger d'après la ligne invariable qu'elle a établie. » (*Ibid.*)

« Si toujours livrée à la considération des intérêts du moment, l'administration paraît satisfaite de vivre ainsi au jour le jour, et d'assurer l'existence du lendemain, reconnaissez là le cachet le plus irrécusable d'un système dominé par la police. Une administration asservie à ce joug doit être sans cesse occupée à lever péniblement de petits obstacles; les grands moyens du gouvernement qui étaient à sa disposition lui échapperont, les grands intérêts sociaux sembleront n'avoir pas même été aperçus par elle. » (*Ibid.*)

« La faiblesse et le scepticisme politique le plus dangereux signaleront à jamais l'époque où cette funeste influence aura flétri les destinées d'un peuple. » (*Ibid.*)

« Sans doute c'est un de nos devoirs de ne pas voter légèrement des impôts; mais un devoir plus impérieux encore, c'est celui de respecter l'acte qui consacre nos droits; le respecter dans l'intérêt de la conservation des prérogatives de la couronne, c'est travailler plus virtuellement qu'on ne le pense à ce qu'il soit toujours respecté dans l'intérêt des concessions faites en faveur des libertés publiques. Ce langage, je le sais, n'est pas celui qu'entendent le mieux les passions, mais celui de la raison; et j'espère être toujours assez sage pour n'en pas parler d'autre dans la discussion des intérêts de mon pays. » (*M. du* 30 *décembre* 1818.)

« Les décrets et les réglemens d'administration publique en contradiction avec les lois, en contradiction avec la Charte, doivent être attaquables devant une autorité quelconque ; il doit exister un pouvoir devant lequel on puisse les faire réformer, ou les garanties promises par la Charte, par les lois et par la justice, sont illusoires. » (*M. du 26 janvier* 1819.)

« Si les ministres peuvent faire eux-mêmes le réglement des droits privés et nous dépouiller à volonté, sauf à eux de se retrancher derrière une signature royale, s'en est fait évidemment de toute pensée et de toute liberté. » (*Ibid.*)

« La victime de l'injustice la dénoncera aux Chambres, le ministère déclarera que la décision est fondée sur une ordonnance qu'il est obligé d'exécuter ; on demandera le rapport de l'ordonnance au conseil-d'État ; le conseil-d'État répondra qu'il ne peut délibérer que sur l'application des ordonnances, mais non sur le mérite de ces ordonnances qui font loi pour lui. Ainsi, il n'y aura aucun moyen pour les pétitionnaires d'obtenir justice, et la Chambre se trouvera réduite à souffrir qu'on viole la Charte, qu'on viole les droits les plus sacrés des citoyens, ou à frapper d'accusation le ministre dont la signature donne prise à la responsabilité de l'acte contraire à nos lois. Alternative également périlleuse, et qui me paraît démontrer jusqu'à l'évidence la nécessité d'examiner enfin ce qu'on appelle notre justice administrative, ce qui existe on ne sait pourquoi, on ne sait comment; car je suis obligé de répéter ici ce que j'ai eu occasion de dire plus d'une fois. Le conseil-d'État, tel qu'il est organisé, tel qu'il juge de nos fortunes et de nos droits, n'est point dans la Charte, n'est point légalement établi, n'offre ni au gouvernement, ni aux citoyens, les garanties de cette justice indépendante et impartiale aussi nécessaire à la force de l'un qu'à la sécurité des autres. » (*Ibid.*)

« Qu'ai-je besoin de prouver par des exemples ce qu'on ne prend pas même le soin de dissimuler? On l'a déjà produite à cette tribune (la Chambre des députés) la doctrine dangereuse que les règles du gouvernement, fixées par la Charte, ne devaient point arrêter les trois pouvoirs législatifs; ce qui consacrerait en principe l'absence de toute règle, et réduirait le code de nos institutions au même degré d'importance, le livrerait à la même instabilité que la plus insignifiante de nos lois; et telles sont les conséquences d'un premier pas fait dans la voie de l'erreur, qu'à peine cette opinion est émise, que déjà, dans la pratique, on dépasse les bornes qu'elle-même semblait vouloir respecter. Ainsi, ce n'est pas à modifier, à rectifier telles ou telles dispositions de la Charte, que tendent les projets présentés; c'est à les transgresser sans les avoir examinées; c'est au renversement de toute règle et de tout obstacle qu'on nous conduit sans s'en apercevoir; ce n'est pas à une amélioration discutée et adoptée par les trois pouvoirs, comme on semblait vouloir l'établir dans l'exposé de la doctrine. » (*M. du* 15 *février* 1819.)

« Je réclame la conservation de nos institutions, parce qu'elles sont protectrices des intérêts, et que mon devoir est de les défendre; parce qu'elles sont particulièrement protectrices des opprimés, et que je crains de le devenir; parce qu'elles garantissent des droits égaux à tous les Français, et que je suis forcé de craindre de voir tenter d'en réduire une partie au rôle dangereux autant que pénible d'Ilotes politiques dans leur propre patrie. » (*Ibid.*)

« Lorsque le char des révolutions est lancé, ce ne sont pas les auteurs de la première impulsion qui sont les derniers écrasés sur son passage. » (*Ibid.*)

« Lorsque Bonaparte, à la tête de quelques soldats, vint disperser les membres du conseil des cinq-cents, ils invoquèrent les droits qu'ils tenaient de la constitution; il leur répondit : *Vous l'avez*

violée ; évitons pour nous-mêmes cette foudroyante réponse. » (*Ibid.*)

❋

« Il importe au libre exercice de nos droits et des prérogatives de la couronne, que le choix des défenseurs des intérêts des départemens ne soit ni dicté par la capitale ni abandonné aux habitans du chef-lieu de département; il faut que le gouvernement soit rassuré sur le jeu de la machine électorale pour pouvoir user à volonté du droit de dissoudre la Chambre élue. » (*M. du* 21 *mars* 1819.)

❋

« L'introduction des électeurs fictifs dans un collége électoral est une injustice envers les électeurs réels dont ces nouveaux concurrens atténuent les droits. C'est une injustice plus grande envers tous les Français, que leur soumission à la loi prive de toute participation à l'élection, tandis qu'ils voient ceux qui en abusent obtenir le droit d'y concourir. Enfin, des électeurs fictifs et frauduleux ne peuvent faire que des élections fictives et frauduleuses; le système représentatif devient lui-même une fiction. » (*Ibid.*)

« Une seule disposition améliorante commande mon assentiment au projet qui m'est soumis, si je trouve la loi défectueuse; car il vaut mieux pour moi obtenir quelque chose, tel peu que ce soit, que de n'obtenir rien; ma boule blanche est assurée au projet alors même que mon opinion serait rejetée sur tous les points, un seul excepté, quand même ce seul point serait le moins important de ceux que j'aurais désirés; car, je le répète, vaut mieux quelque chose que rien, et je n'obtiens rien si je n'accepte le peu qu'on consent à m'accorder. » (*Ibid.*)

« Je n'admets point l'excuse du changement d'administration. Les changemens de ministres ne regardent en rien la Chambre. Les nouveaux ministres contractent nécessairement tous les engagemens que la loi avait fait prendre à leurs prédécesseurs. » (*M. du* 26 *mai* 1819.)

« La Charte nous a donné pour garantie d'avoir pour arbitres de nos intérêts particuliers des juges inamovibles. Si le conseil-d'Etat ne juge pas des intérêts particuliers, il n'est pas nécessaire qu'il soit inamovible; mais si chaque jour il prononce sur des intérêts particuliers; si, comme on l'a dit, il statue par an sur dix mille affaires auxquelles les parties ont droit d'être entendues; il est assez prouvé qu'il statue sur des intérêts particuliers, et qu'à cet égard nous n'avons pas la garantie constitutionnelle donnée pour que les intérêts individuels ne soient pas compromis dans leur lutte contre ceux du gouvernement. » (*M. du* 29 *mai* 1819.)

« Le conseil-d'Etat, dit-on, prépare les décisions des ministres et leur sert de garantie contre des actes qui pourraient compromettre leur responsabilité; c'est ainsi que vient se résoudre la question de la responsabilité ministérielle ; mais lequel doit-on préférer, ou de la responsabilité des ministres, ou de l'inamovibilité du corps appelé à juger sur les droits des citoyens, sur leurs réclamations, sur leurs contestations avec le gouvernement? Qui de nous ne sait combien sera toujours illusoire la garantie de la responsabilité des ministres pour les actes par lesquels ils auront prononcé dans des intérêts particuliers? Jamais l'on ne trouvera en ce sens l'occasion de l'exercer. » (*Ibid.*)

« J'insiste sur cette considération que les places inutiles n'ont d'autre effet que de corrompre la nation. Quand elles ne sont point d'une utilité générale, ces places sont le plus grand des abus; il faut enfin que chacun apprenne à vivre de son industrie et non des sinécures aux dépens de l'Etat, et sans aucune utilité pour son service. » (*M. du* 30 *mai* 1819.)

« On ne peut pas, comme on l'a dit, tirer deux moutures d'un sac. » (*M. du* 3 *juin* 1819.)

« Pourquoi y a-t-il toujours eu des restes au ministère des finances? » (*M. du* 4 *juin* 1819.)

« La fixité des mesures en matière de crédit est surtout ce qui peut le fonder. » (*M. du* 5 *juillet* 1819.)

« Tenons scrupuleusement à nos engagemens, et le sort de nos rentes est assuré; livrons-les à leurs cours naturels, et elles s'élèveront assez, et elles s'élèveront progressivement, et elles s'élèveront pour ne pas retomber; plus elles auront de prix, plus notre situation sous ce rapport s'améliorera, je le sais, mais cette vérité n'a de réalité qu'autant que l'élévation des rentes n'est ni fictivement, ni passagèrement exagérée. » (*Ibid.*)

« Ce qui est ruineux pour le cultivateur, ce qui amène les disettes, c'est la variation énorme qui a lieu parmi nous dans le prix des subsistances; nous passons avec rapidité d'une extrême disette à une extrême abondance. Le peuple profite bien quelques instans du bon marché, mais bientôt le malaise des propriétaires se fait sentir, les travaux cessent et le peuple est sans occupation; le propriétaire découragé veille moins à la reproduction, et ainsi l'extrême bas prix amène de nouveau la disette. » (*Ibid.*)

« Inutilement on essaie de se soustraire aux conséquences des choses, elles finissent toujours par arriver. » (*M. du 17 janvier* 1820.)

« L'annonce de changemens suivie d'une inexplicable lenteur à les produire, amène aussi les siens. » (*Ibid.*)

« La timidité avec laquelle on dénonce, sans oser l'indiquer avec précision, le mal qui nous travaille, a pour conséquence inévitable l'impuissance d'y porter remède; mettons, puisqu'il en est encore temps, cette faiblesse à l'écart : ce n'est que par ce moyen qu'il est permis d'espérer d'en éviter la conséquence. » (*Ibid.*)

« Une loi d'organisation des colléges électoraux qui ne peut produire que des élémens d'opposition sous un gouvernement qui respectera la liberté des élections, est une loi qui est incompatible avec la Charte puisque les droits attribués à la Chambre des députés, par la Charte, sont tels que tout serait arrêté par cette Chambre, services publics, existence même du gouvernement, si on lui laissait toute son action constitutionnelle. » (*Ibid.*)

« J'ai dit, et je dois prouver que la loi d'élection ne peut produire que des élémens d'opposition, tant que le gouvernement ne sera pas assez redouté pour exercer sur les élections l'influence que les parties exercent sur elles dans les temps semblables à celui que nous voyons. »

« Ainsi, élection des députés sous l'influence du gouvernement aux époques où il est fort et a besoin de contrepoids; élection des députés sous l'influence de l'esprit de parti et d'opposition dans les temps de faiblesse du gouvernement, c'est-à-dire au moment où l'action des partis est le plus à craindre. » (*Ibid.*)

« Nous ne trouvons pour organiser des colléges électoraux dans notre malheureux pays, tel que la révolution nous l'a fait, que des individus isolés et nécessairement livrés par cette position, ou aux séductions du pouvoir, ou aux passions de l'esprit de parti. » (*Ibid.*)

❋

« Où prendraient-ils en effet les motifs d'une détermination plus conforme à l'intérêt public, ces électeurs nombreux que nous appelons de tous les divers points d'un département pour donner dans une même assemblée leur voix à des députés qui, par le seul fait de cette nomination, vont être investis pour cinq ans du droit de concourir à la législation, de voter les impôts, d'accuser les ministres? Consulteront-ils leur intérêt privé? Dans ce cas l'homme le plus propre à procurer une place, de l'avancement, ou une faveur particulière, soit à eux, soit à quelques membres de leur famille, sera sûr de disposer de leur voix. »

« Voudront-ils consulter l'intérêt général? Mais alors leur suffrage tombera à la discrétion de celui qui déclamera le plus violemment contre les abus du pouvoir, la dilapidation de la fortune publique, l'exagération des impôts; car ce genre de déclamation est la politique la plus propre à toucher la plupart des hommes peu éclairés sur le fond des affaires publiques. » (*Ibid.*)

« Comment voulez-vous que dans ce mélange confus de tant d'intérêts divers, ces intérêts aient quelque influence sur les choix? Où sont leurs moyens de se réunir, de s'entendre? Ils sont réduits au même isolement que les individus, ils participent à la désorganisation générale; aussi n'entreront-ils pour rien dans le choix des députés. » (*M. du 17 janvier* 1820.)

« C'est à la raison publique à diriger nos élections, grands mots vides de sens et dont la vertu disparaît dans la pratique; aussi, tant que vous suivrez le mode qu'ils vous ont donné, attendez-vous à voir vos élections livrées à l'esprit de parti, ou à l'influence qu'une administration forte exercera sur des électeurs qui la redouteront ou obtiendront d'elle des faveurs particulières. » (*Ibid.*)

« Les préfets, les sous-préfets, les juges de paix, les maires, les receveurs généraux et particuliers, voilà les directeurs de vos élections dans les temps de force et de prospérité du gouvernement. » (*Ibid.*)

« Réfléchissez à l'uniformité d'isolement des électeurs, à la faiblesse générale des individus, à l'absence de toute existence considérable, de toute supériorité reconnue dans quelque genre et dans quelque partie de la France que ce soit, et vous sentirez comme moi l'inévitable et uniforme action de la loi, sur la composition de la Chambre des députés; toute en opposition ou toute asservie; vous pouvez être alternativement jetés par elle ou dans les convulsions anarchiques ou sous le joug de la tyrannie la plus intolérable. » (*Ibid.*)

« Si j'examine la nature des impôts qui produisent le plus d'électeurs dans les villes, je trouve en première ligne la patente, c'est-à-dire, dans l'état actuel de la législation, non pas la preuve d'une industrie fondée, mais la suite d'une simple déclaration qu'on veut se livrer à une industrie, à un commerce quelconque; je poursuis et je trouve l'impôt personnel et mobilier, décuplé dans les villes par la proportion du nombre de patentes que la loi donne pour une des bases sur lesquelles est calculé le montant de cette constitution; enfin, l'impôt des portes et fenêtres, dont la ville chef-lieu paie partout à elle seule plus que le reste du département ensemble. Calculez ensuite la subdivision infinie des propriétés d'agrément autour des villes; ajoutez à cela, la facilité donnée aux électeurs du chef-lieu d'émettre leur vœu sans quitter leur domicile, celle de se concerter à l'avenir sur le choix, et vous serez forcés de convenir avec moi, que les combinaisons de la loi du 7 février 1817, livrent l'élection des députés aux électeurs des villes à l'exclusion de ceux des campagnes; aux imposés industriels au détriment des imposés fonciers; aux fortunes mobiliaires aux dépens des fortunes immobiliaires; aux possesseurs de petites propriétés au préjudice de ceux des grandes; enfin qu'elle remet nos destinées à l'instabilité et à la perturbation au lieu de les confier à la stabilité et à la conservation. » (*M. du* 17 *janvier* 1820.)

« Je me résume, le mode d'élection que nous avons adopté, me paraît compromettre la stabilité de nos institutions, en livrant le gouvernement à la domination des partis, ou en livrant nos destinées politiques à la discrétion du gouvernement, selon l'influence des circonstances dans lesquelles se trouvera le pays. » (*Ibid.*)

❋

« C'est à la conduite et au caractère bien connus de l'homme public à répondre pour lui; les discours n'y font rien. » (*M. du* 9 *mars* 1820.)

« A quelle époque en avons-nous joui comme aujourd'hui, provocateurs insensés, de cette liberté que vous appelez sans cesse quand vous l'avez, et qui ne vous trouve plus quand vos folies nous l'ont ravie? Vous voulez, nous dites-vous, la Charte avec toutes ses conséquences; et quelles sont ces conséquences, selon vous? Une loi d'élection qui n'amène que vous ou que ceux que vous désignez; une organisation municipale et départementale qui abandonne à la démocratie l'administration du royaume que la Charte a conservée au Roi; une organisation et une telle extension au jury, que les citoyens seraient bientôt appelés à tout juger au lieu des tribunaux nommés par le Roi. »

« Ce n'est point dans de telles garanties qu'il faut chercher celle de la véritable liberté; c'est dans l'autorité du Monarque qu'elle réside : seule cette autorité les renferme toutes. » (*Ibid.*)

« Non, nous ne sommes pas (au côté droit) les ennemis des libertés publiques, car c'est par elles que le trône doit s'affermir et que l'opinion doit cesser d'être égarée. »

« Je soutiens qu'il existe dans cette partie de la salle tout autant d'amour pour les libertés publiques que dans toutes les autres; et je ne puis souffrir que l'on m'accuse d'en être l'ennemi, quand je soutiens une mesure exceptionnelle et temporaire que le gouvernement juge indispensable. »

« J'ai dit mon opinion personnelle sur de telles mesures; j'ai dit que je n'en étais point le partisan, que je n'avais point de confiance dans les résultats qu'on en espère; mais quand le gouvernement demande cette mesure, est-ce à moi à la juger? » (*M. du* 15 *mars* 1820.)

« Les journaux expriment seulement l'excès et l'exagération de toutes les opinions. » (*M. du* 29 *mars* 1820.)

« Les cinquante, soixante, cent personnes qui travaillent à la rédaction des journaux, et qui expriment telles ou telles opinions dans tous les sens opposés, ne représentent ni n'expriment l'opinion véritable. » (*Ibid.*)

« Je reconnais que pour que la majorité obtienne tout le respect qu'elle doit avoir; pour que la loi ait aux yeux de tous le caractère qui lui est propre, la plus grande latitude doit être donnée à la minorité. » (*M. du* 18 *avril* 1820.)

« L'encouragement du commerce des laines est une source féconde de prospérité pour l'agriculture. Voyez quel soin, quel intérêt l'Angleterre y apporte; dans ce pays la laine obtient une espèce de culte, puisque vous voyez les pairs d'Angleterre siéger sur des balles de laine. » (*M. du* 1er *mai* 1820.)

« Il faut autant que possible mettre de l'uniformité dans un système de douanes. Faites naître les besoins, amenez les consommateurs, faites varier les demandes, et ne craignez rien; notre sol et notre industrie fourniront à tout. » (*M. du* 6 *mai* 1820.)

« Mais, a-t-on prétendu, cette mobilité de la

base sur laquelle repose la composition de la Chambre élue, est en opposition avec l'esprit du gouvernement qui a fondé la Charte. Je réponds que loin d'être en opposition avec l'esprit du gouvernement représentatif, cette faculté laissée à la loi de remanier l'organisation des colléges électoraux selon le besoin des temps et la force des obstacles qu'on rencontrerait pour établir le système représentatif, était indispensable à sa consolidation. »

« Cette mobilité n'est ni de l'arbitraire ni de la désorganisation comme on l'a dit; car c'est l'arbitraire et la désorganisation commune à toutes les autres lois. » (*M. du* 20 *mai* 1820.)

❃

« L'égalité devant la loi interdit-elle au législateur tout établissement hiérarchique, et ordonné suivant les besoins de la société dans les lois qu'il fera ? Ne pourra-t-il créer des juges de première et deuxième instance, des maires et des adjoints, des préfets et des sous-préfets, sans rompre cette égalité des Français devant la loi ; il est évident que porter ainsi le niveau de l'égalité sur l'ordre social établi par la loi, ce serait renverser la société, la livrer aussitôt à une inégalité bien plus dangereuse, celle de la force et de l'audace. » (*M. du* 20 *mai* 1820.)

« Mais ce n'est pas ainsi que nous sommes tous égaux devant la loi, les électeurs comme les autres. Nous sommes tous égaux devant la loi, quels que soient nos titres et nos rangs, en ce qu'aucun titre, aucun rang ne dispense de l'exécution, de l'application de la loi. Nous sommes tous égaux devant la loi, en ce que tous, sans préférence, ni à raison des titres ni à raison des rangs, nous sommes également aptes à accomplir les conditions que la loi aura imposées. » (*Ibid.*)

« En Angleterre, le mode varié des élections, l'influence dominante de la grande propriété sur les deux tiers, nous découvre la base sur laquelle repose cette robuste constitution, un des plus beaux produits que le génie social ait présenté au monde, et donne l'explication de cette force occulte qui, garantissant toujours la majorité, dans la Chambre des communes, aux opinions conservatrices de l'ordre établi, permet de livrer quelques élections dont on fait grand bruit, à la plus complète démocratie, et donne à ce peuple le moyen de jouir dans ses institutions d'une telle liberte que nul autre ne pourrait les adopter sans tomber bientôt dans la plus déplorable anarchie, s'il ne suppléeait, autant qu'il seriat en lui, à la digue imposante qui le contient en Angleterre. » (*Ibid.*)

« Mille chances, mille circonstances diverses peuvent amener une Chambre facticuse ou corrompue ; la dissolution ou le renouvellement nous en délivreront avec certitude, si vous confiez vos élections à la propriété qui a tout à perdre et rien à gagner aux troubles et à l'exagération des charges publiques. Si vous les confiez à une majorité dont les factions ou l'administration puissent s'emparer avec facilité, le mal une fois produit est désormais sans remède. » (*Ibid.*)

« Le contrôle de l'élection des membres de la Chambre élue, la commodité de l'arbitraire, la fécondité des abus, l'entraînement du pouvoir tenteront d'autant moins ses dépositaires ; l'espoir de renverser l'ordre établi et de jeter l'État dans la confusion en s'emparant de la Chambre des députés par la voie des élections, séduira moins les factieux, et vous aurez plus de liberté et plus de repos à la fois. » (*M. du* 20 *mai* 1820.)

« Il ne faut pas voir seulement le moment présent, mais l'avenir ; vous êtes entrés dans un système de crédit ; il vous a coûté cher ; mais enfin puisque vous y êtes entrés il faut en tirer tous les avantages possibles. Un des plus grands moyens de crédit, c'est la dotation constante et l'action progressive de la caisse d'amortissement. » (*M. du* 15 *juin* 1820.)

« Mon opinion était en faveur de la spécialité, et je dois convenir que plus je réfléchis sur cette matière, moins mon opinion première me paraît susceptible d'être soutenue. » (*M. du* 2 *juillet* 1820.)

❋

« Tout partisan que j'étais de la spécialité, j'ose dire que c'est une partie de la législation qui influe sur la forme réelle de notre gouvernement. » (*Ibid.*)

❋

« Lorsque vous imposez au ministre la nécessité de faire la dépense pour chaque article du service public, je vous le demande, n'administrez-vous pas (la Chambre des députés)? N'êtes-vous pas les maîtres de supprimer tout-à-fait, par le seul fait de votre vote, telle partie du service public qui vous convient? Or, vous n'en avez pas le droit. Pourvu que le ministre ne dépasse pas les sommes allouées pour faire marcher son service, vous n'avez pas d'action formelle contre lui, l'action morale existe toujours; mais ici, à l'action morale vous joignez l'action formelle, et la Chambre des pairs, convaincue que le ministre n'est pas coupable, serait, aux termes de la loi, obligé de le condamner pour avoir outrepassé un article. » (*Ibid.*)

FIN.

www.ingramcontent.com/pod-product-compliance
Ingram Content Group UK Ltd.
Pitfield, Milton Keynes, MK11 3LW, UK
UKHW022119260726
13993UKWH00003B/1110